Gustave Le Vavasseur

SALON DE 1859

(Les Artistes du département de l'Orne)

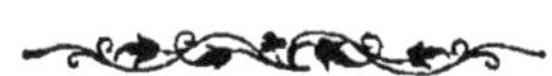

EXPOSITION RÉGIONALE DE SAINT-LO

(LES ARTISTES NORMANDS)

(Les industriels du département de l'Orne)

ARGENTAN,
IMPRIMERIE DE BARBIER.
JUIN M DCCC LIX.

Salon de 1859.

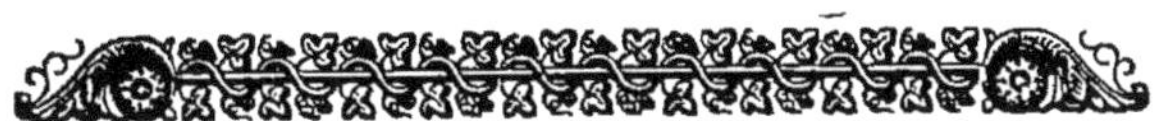

SALON DE 1859.

LES ARTISTES DU DÉPARTEMENT DE L'ORNE.

A la remarquable Exposition de 1859, nos artistes brillent-ils au premier rang ? — Non peut-être : ils n'ont improvisé ni bataille ni tableau officiel ; ils n'ont point eu non plus de succès de scandale, mais ils sont tous à leur poste, nos amis de l'Exposition d'Alençon, donnant tous la mesure de leur talent, ayant livré à l'appréciation du jury des toiles déjà exposées au chef-lieu du département, et les faisant accepter non comme des pires. Nous les avons revus et salués avec le plus grand plaisir, Chennevières et moi : — lui les ayant placés à sa guise à ce festin des yeux, et moi les regardant à mon loisir, — tous deux amis pour la vie et Normands jusqu'à la mort. Une fois encore je veux les saluer ici dans le modeste rez-de-chaussée de ce journal, dont la publicité restreinte nous convient. On est plus à l'aise pour causer de ses affaires dans une allée solitaire que sur la place publique.

Asseyons-nous donc un instant à l'ombre, Mesdames et Messieurs, et causons.

Vous avez, M. de Balleroy, une exposition considérable; vous marchez sur les traces de Jadin et vous avez déjà dépassé Montpezat de cent coudées. Votre ***Hallali*** est bien compris. Le groupe de chiens de gauche est bon et vous avez mis sur le premier plan un chien bien séduisant; mais votre tableau manque de profondeur. La couleur de votre sanglier n'est pas tout-à-fait heureuse; le bleu de la calotte du piqueux fait tort à l'outre-mer du ciel, sur lequel elle ne saurait se détacher. Vous me direz que Jadin.... Ah! Jadin a de bien jolies têtes de chien cette année à l'Exposition. Si Stevens n'avait pas fait sa ***Pauvre bête***, je proclamerais ***pas commode*** le roi des chiens de cette année. Et puis, il y a plus fort que Jadin. Il faut le dépasser de beaucoup pour aller trouver Desportes, Bachelier et Oudry, et tout peintre peut espérer à égaler ces grands maîtres qui ne sont ni Rubens, ni Corrège, ni Raphaël, ni Michel-Ange.

Dans *le* ***Départ***, le brouillard du matin est plutôt cherché que trouvé. Dans une pareille tentative, on peut être réaliste sans le paraître; et puis, en fait de fraîcheur printannière et d'effets du matin, Corot nous a rendus si difficiles, et parmi les Corot, il y en a un surtout exposé cette année sous le n° 691 qui est aux autres Corot ce que le sapin est à l'ortie et ce que Corneille est au Tasse, comme disait Cyrano de Bergerac. Mais je fais là une mauvaise chicane, et je ne l'aurais certes pas faite, si la plume ne m'eût démangé de dire mon opinion sur ce merveilleux nº 691.

Je n'ai pas assez étudié *le Renard et les Raisins* et la *Nature morte* pour donner mon opinion raisonnée sur ces deux estimables études ; mais en revanche, j'ai assez vu et revu *le Renard à l'affût* pour louer sans réserve ce charmant petit tableau sans prétention, parfaitement réussi, juste au point convenable d'esprit et d'exécution pour être des plus séduisants. Je suis de l'avis d'un amateur, demi-bourgeois, demi-connaisseur, barbu, mais bien mis, à qui j'entendais dire comme j'étais, moi aussi, à l'affût, ou pour mieux dire en arrêt devant le nº 105 : « J'aime mieux cela. » J'ignore à quoi il préférait le *Renard* de M. de Balleroy ; mais en le comparant aux deux bons tiers des tableaux exposés cette année, moi aussi j'aime mieux cela.

Et vous, ma courageuse et laborieuse voisine, qui cheminez d'un pied sûr et déjà magistral dans la voie du progrès, mademoiselle Louise de Guimard, vos neuf tableaux exposés trouveront-ils en moi un admirateur sans réserves? Si vous le pensiez, vous connaîtriez peu les critiques et leurs vilains ongles. Les critiques sont comme les chats, méfiez-vous de leurs pates de velours, elles ne sont que l'étui d'horribles griffes.

Et à propos de chat, pourquoi n'avez-vous pas fait plus joli, plus fourré, plus matois, plus gras, plus svelte, plus séduisant, plus chat enfin, celui qui accompagne votre petite *Institutrice* ? — J'allais me taire, j'allais peut-être même entonner la trompette de la louange, tant je trouvais le petit tableau avenant et joli, quand ce vilain chat.... Mais n'en parlons plus, j'ai hâte de vous dire que votre *Veuve* dénote un progrès sensible dans votre manière de genre et que les deux perdrix de votre *Nature morte* m'ont tout-à-fait séduit. La *Tâche* a de bien gracieux détails. Je ne parlerai ni du *Printemps* ni du *Pressoir*, ne les ayant pas assez vus ; mais je vous dirai que le *portrait de la vicomtesse de M....* est posé et drapé comme vous savez poser et draper les portraits. L'indécision que l'on remarque dans le visage peut tenir à la mobilité du modèle, dont le caractère de tête est du reste fort beau. Je vous dirai aussi, car si j'aime à mordre mal à propos, j'aime aussi à flatter à bon escient, et je suis franc, pour un Normand..., que le *portrait* de Mme votre mère est une fort belle chose, un excellent portrait comme ceux que faisait votre maître Cognet, et qu'à mon sens il pourrait signer sans se compromettre.

Et vous, Edmond Leman, qui pourriez si bien faire et qui ne faites quelquefois qu'assez bien ; vous en qui nous avions mis et en qui nous mettons encore toutes nos espérances ; vous qui avez la jeunesse pour compagne et le talent pour marchepied, vous méritez que je vous gronde pour avoir commis ce pastiche florentin que je ne comprends pas et que je ne sais par où prendre. Mais vos portraits me désarment ; celui de Mme X est bien joli, quoique les traits manquent d'ensemble, et celui de M. G. G... vaut seul un long poëme. Il y a longtemps que j'ai envie de le dire, et je le dis ici puisque l'occasion s'en présente, le portrait est le sonnet de la peinture ; quand il est sans défaut, il vaut bien un tableau d'histoire. J'aimerais mieux m'appeler Edmond Leman et avoir fait le portrait nº 1935 que de m'appeler Court ou Glaize et avoir couvert un arpent de toile des antiquaires et des aigles que nous avons vus cette année, hélas ! Dans un ordre de comparaison plus élevé, malgré les qualités suréminentes des deux œuvres, est-ce que *la Mort de César*, de Gérôme, ne le cède pas au ravissant *portrait de Mme la baronne de Mackau ?* O Flandrin, admirable et grand artiste, permettez-moi d'ajouter mon faible hommage à tous ceux que vous a valus ce ravissant portrait, qui vaut les meilleurs de votre maître, lesquels je crois égaux à tous les portraits du monde, anciens ou modernes, sans exception. Votre Monna Lisa est devenue notre compatriote, j'ai le droit de vous louer ici, et j'use de mon droit.

Votre *Souvenir des bords de l'Orne*, Monsieur Achille Oudinot, est une ancienne connaissance de l'Exposition d'Alençon, et c'est votre morceau capital. Dans *la Source*, la lumière est un peu terne, mais il y a de la fraîcheur. Quel bonheur d'être paysagiste de notre temps ! de marcher à la suite des Corot, des Daubigny, des Rousseau, des Français, des Paul Huet et de tant d'autres qui ont tous plus ou moins, chacun à sa manière et à son tour, renversé l'odieux plat d'épinards qui trônait en victime sacrée sur l'autel des faux-dieux ! Et puisque le nom de Paul Huet est venu sous ma plume, arrêtons-nous un instant devant ces huit panneaux de bois blanc qui encadrent des scènes normandes; admirons et surtout applaudissons à la grande et généreuse pensée qui fait qu'un salon de Vire sera orné comme pas un salon de Paris. Vire est toujours la vieille cité normande, artiste par situation, littéraire de naissance, la cité de Jean Le Houx, qui sut chanter et peindre et qui, comme Mignard, fut appelé le Romain.

Eh bien ! Monsieur Viger-Duvignau, c'est beaucoup mieux. Votre *Mort de saint Joseph* est un tableau de la vieille école française, et pas de la meilleure; mais il est peint dans une gamme tranquille qui ne messied point au sujet. Les anges qui assistent saint Joseph sont élégants; la Vierge a une certaine afféterie qui n'exclut pas la grâce. Le Christ est le moins réussi des personnages du tableau. Telle qu'elle est, cette peinture vous fait honneur : un peu plus de solidité, un peu plus de décision dans le choix de votre manière, et vous arriverez.

Votre *Education de la Vierge* est moins bonne que le *Saint Joseph*. Dans un tableau religieux il faut de deux choses l'une, quand on n'a pas toutes les deux, ce qui vaut certainement mieux, de la science ou de la foi. Le sentiment peut à coup sûr remplacer la correction : la correction ne remplace pas le défaut de sentiment, mais elle fait que la toile garde sa valeur, abstraction faite du sujet. L'*Education de la Vierge* n'a ni l'excellente qualité du sentiment ni le défaut magistral de la science d'exécution. — Néanmoins elle est fort supérieure à votre *Mort de Virgile* de l'Exposition d'Alençon : encore un effort et ce sera bien.

Vous êtes même en progrès dans vos petits tableaux de genre. Si vous avez envoyé votre maigre *Cléopâtre* comme point de comparaison, vous avez bien fait ; vos deux autres petites toiles lui sont bien supérieures. Si la lumière jaune qui éclaire votre *Enfant malade* n'était pas d'un aspect un peu désagréable, il y aurait des compliments à vous faire. C'est beaucoup mieux et d'une peinture beaucoup plus solide. Courage !

Votre ciseau, madame Le Fêvre-Deumier,

est toujours un peu mou. Mais ce que l'artiste gagnerait en estime, si l'on voyait une figure de Michel-Ange ou du Puget signée du nom d'une femme, la femme le perdrait aux yeux du spectateur. Un peu de mollesse ne messied pas à un talent féminin, surtout lorsque, comme dans votre *Tête d'étude,* Madame, cette mollesse ne se fait sentir que dans le bas du visage et que le haut de la tête est étudié avec soin et reproduit avec talent et bonheur.

Et vous, mon cher Le Harivel, que le livret, d'accord avec mes préférences, a gardé pour le dernier et pour la bonne bouche, ne seriez-vous pas le roi de l'exposition de sculpture? — Roi-bourgeois, s'entend; car les artistes chevelus et les amateurs échevelés ne s'arrêtent guère devant les poses académiques des académiciens, et les vieux amateurs de Suzanne au bain se soucient peu des broderies et des brandebourgs. Vous m'avez raconté comment, à travers des égouts en réparation et au milieu de maisons en démolition, sortit du n° 57 de la rue du Cherche-Midi votre monumental Visconti, flanqué de grues, de treuils, de trucs et de poulies, comme un arbre que l'on transplante ou un obélisque que l'on plante. Vous m'avez dit l'émeute du quartier, les surprises des commères, les exclamations des concierges, les fruitières solitaires, deux à deux, trois à trois, rangées comme des points d'admiration dans un ancien discours romantique ; puis les réflexions, les députations, les poussées pour voir l'auteur d'un chef-d'œuvre si pesant, et finalement le désappointement général de toutes les dames de la Halle et autres qui vous croyaient plus bel homme. Je veux vous raconter à mon tour ce que j'ai entendu et noté le mardi 28 avril 1859, de une à deux heures de relevée, assis sur le banc qui, comme vous savez, s'étend si heureusement le long du pré où repose votre Visconti en attendant son cimetière :

Un bourgeois naïf et colleté : —A la bonne heure, voilà un bel ouvrage dont le père et la mère peuvent permettre la vue à leurs enfants des deux sexes, c'est de la vraie broderie de marbre. Et la croix ! la croix surtout est admirablement réussie.

Deux militaires. (Long examen silencieux.) — Voilà un ouvrage bien travaillé.

M. Prud'homme : — Plein de distinction ! — Elève de Ramey et de M. Dumont.

Deux artistes chevelus : — Qu'est-ce que c'est que ça ?.... — Ah ! c'est chose !... Visconti. C'est lourd.

Une petite dame sur le retour : —C'est joli cela. — Qui est-ce ?... Visconti !... Je l'ai bien connu, M. Visconti, il n'était certainement pas si grand que cela.

Autre dame : — Quel est ce costume ? — (avec respect) C'est un a-ca-dé-mi-cien. C'est superbe. Oh ! cette croix ! (déjà nommée) est-ce bien fait !

Un vrai connaisseur : — C'est fort bien, c'est très-estimable, cet ouvrage. Il est plus difficile qu'on ne croit de faire de la sculpture habillée, monumentale, de la faire sans emphase et sans insuffisance... Toutefois, je n'aime pas la draperie ronde du manteau. Visconti n'est ni couché ni assis, et la draperie n'indique pas une pose bien nette. En somme, bien que je regrette Simart, à cause de son érudition et de ses tentatives plus archaïques qu'heureuses, je ne crois pas qu'il eût aussi bien réussi le monument de Visconti.

Il s'en débite ma foi bien d'autres ; car la foule s'agite, bourdonne, va, vient, tourne et se groupe autour de votre monument comme mouches autour d'un morceau de sucre, et chacun donne son coup de langue. Voulez-vous mon opinion, à moi ? — C'est que vous méritez toute sorte de louanges pour avoir mené à bien un ouvrage dans lequel la sagesse inévitable devait conduire à la froideur, et que, bien que vous ne puissiez prétendre qu'au moins tapageur des succès, le succès d'estime, vous l'avez tout entier. Si jamais les palmes académiques viennent à décorer votre front chenu, Visconti sera une des marches qui vous mènera au Capitole. Si jamais les gouvernements s'en mêlent (prenez comme je le fais ce calembourg innocent), vous pourrez le considérer comme une station du chemin de la Croix.

Mes compliments sincères sur le buste de

Mme de R...., et au revoir jusqu'aux litanies de la chapelle de Séez, jusqu'au génie de la cour du Louvre et au saint Leu du boulevard de Sébastopol.

A côté de M. Emile de Guéroust, que le *Journal de l'Orne* indiquait comme ayant exposé dans la section d'architecture, le livret signale aussi M. Just Lisch, le lauréat de l'Exposition d'Alençon. L'architecture est une carrière ingrate et il faut des hommes spéciaux pour juger les œuvres des architectes, surtout sur épures. En revanche, chacun peut donner son avis sur les monuments construits et commencés : c'est à ce titre qu'à côté de l'Exposition de Paris nous signalons comme se rapportant à l'année 1859, les églises d'Athis et de Flers qui s'élèvent sur les plans de M. Ruprich Robert, La Ferté qui s'achève, La Carneille que l'on restaure, et la chapelle des Dames institutrices de Briouze, dont la première pierre a été posée dans le mois de mai, coup d'essai de nos maîtres verriers d'Argentan, MM. Le Dien. C'est-là aussi une exposition vivante et permanente, à la splendeur de laquelle nous devons applaudir.

Pour compléter notre tâche, signalons tous ceux qui, de quelque façon, se préoccupent de notre bonne Normandie, en reproduisent les types et les scènes, et de la sorte, chantent, sans la laisser interrompre, la chanson de notre vieille gloire. Quelques artistes, dont les noms sont un brevet de maîtrise, veulent bien s'occuper de nous. C'est ainsi que M. Bellangé a fait son charmant petit tableau de *l'Officier en permission* revenant de Crimée en Basse-Normandie ; que M. Coignard a peint un *Abreuvoir du pays d'Auge* ; que M. Le Poitevin a reproduit une *Chaumière normande*. Les délicieux *Veaux* de M. Palissy sont des indigènes de la vallée de la Touque. M. Thiollet a peint un *Verger* et Mlle Léontine de Blavette une *Laitière du Perche* ; il n'est pas jusqu'aux étrangers qui ne soient venus prendre leurs inspirations chez nous : M. Tschernischeff, un Russe, a reproduit le curieux marandage du poisson sur nos côtes, et M. Valenzo, un Napolitain, a exposé une *Chute d'eau sous un pont*, à Falaise. Grand merci à tous ceux qui de près ou de loin nous viennent en aide et se souviennent de nous.

La causerie a été un peu longue ; mais l'ombre était douce, les amis étaient nombreux, et surtout quand il parle de ses Normands et de sa Normandie, on sait quel intrépide bavard c'est que

Gustave Le Vavasseur.

Exposition de Saint-Lo.

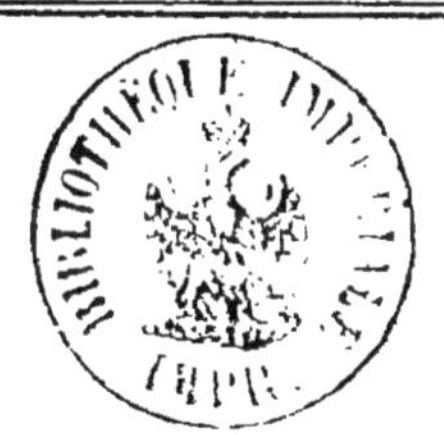

Exposition régionale de Saint-Lo.

Les Artistes Normands.

Les Industriels du département de l'Orne.

Il est superflu de signaler comme excellente l'idée de faire accompagner le Concours régional par une Exposition des beaux-arts et de l'industrie. A côté des grands industriels et des grands artistes, il en est de plus modestes ou de plus timides qui craignent la foule des grandes expositions ou qui reculent devant les soins et les frais exorbitants d'un déplacement récompensé souvent par l'indifférence ou l'oubli. A nos expositions de province, les uns s'essaient, les autres se résignent, et tout le monde trouve le compte de sa petite vanité et souvent de son intérêt matériel. Nul d'ailleurs, si modeste qu'il soit, ne passe inaperçu. Les curieux et les délégués officiels se consolent de la monotonie de l'examen de leurs spécialités par la vue désintéressée des autres exhibitions. Quel est le juge qui n'aime à quitter sa toge pour admirer sans critique les fleurs de son jardin? Jai vu des maquignons à l'Exposition des beaux-arts parler de paysages comme un peintre de marines parlerait de chevaux, et des inventeurs de machines compliquées admirer les fleurs et les bêtes du bon Dieu, quelque peu perfectionnées toutefois, des expositions horticole et agricole, comme s'ils avaient vécu dans une serre ou dans une étable, au lieu de pâlir au feu d'une forge ou à la lueur d'une lampe. La diversité des exhibitions n'éparpille pas l'attention, elle la distrait.

Le Concours régional, tentant la curiosité par des appâts divers, a aussi un autre avantage, sur lequel on ne s'est peut-être pas assez appesanti, et que je ne fais que signaler ici, impatient que je suis d'arriver au fait : il sollicite ainsi vivement les différentes espèces de curiosités, met en rapport les hommes instruits dans toutes les spécialités, civilise les moins artistes et rabaisse la vanité des champions exclusifs de l'intelligence ; il force aussi l'observateur le plus casanier à sortir de sa cabane, comme on dit au jeu du Diable-Boiteux, et lui donne l'occasion de surprendre sur nature les mœurs des différentes fractions de peuple qui, malgré les fusions et les moyens de communication multipliés, gardent encore plus qu'on ne croit leur caractère propre et le cachet de leur individualité.

Ainsi, au Concours régional de Saint-Lo, l'excellent caractère des habitants de ce beau et fertile pays éclatait, je ne dirai pas malgré lui, mais naïvement, et sans que personne songeât à tirer vanité ou récompense de sa parfaite urbanité et de son rare désintéressement. C'était, au milieu de la disette d'auberges, à qui donnerait l'hospitalité aux visiteurs. On faisait assaut de politesse et de cordialité, et le quart-d'heure de Rabelais me paraît ne jamais avoir sonné au beffroi de la cathédrale. On sait quelles justes plaintes de toute sorte se sont élevées souvent au sujet des exigences de ceux qui hébergent, à ces sortes de fêtes, bêtes et gens. A Saint-Lo, c'était tout le contraire : on vous donnait d'excellents gîtes avec force excuses, on faisait de son mieux pour vous nourrir sans vous enfler la carte. C'est un trop rare et trop excellent exemple pour que je ne m'empresse pas de le signaler, et pour ma part je prie les bons habitants de la ville de Saint-Lo de recevoir l'expression de ma gratitude et de ma reconnaissance.

Mes deux amis, A. D. B...... et E. de F....... ne me démentiront pas, j'espère, si je joins ici leurs remerciements aux miens.

Les dettes de cœur acquittées, tâchons d'acquitter celles de l'esprit.

Entreprendre une exposition des beaux-arts, dans un chef-lieu de province à quatorze kilomètres du chemin de fer, pendant l'Exposition de Paris, semble une témérité, sinon une folie. Aussi ne devions-nous attendre à Saint-Lo que des artistes refusés ou des œuvres déjà exposées. Notre attente a été trompée, et nous avons pu juger des artistes indigènes ou voisins, qui certes n'ont pas été refusés à Paris et que nous n'aurions pu juger sans l'Exposition de province. Encore une raison majeure à ajouter à la démonstration de son utilité. Nous avons retrouvé là quelques-uns de nos anciens Normands et nous avons fait connaissance avec quelques nouveaux.

M. Berger, de Cherbourg, qui n'a rien exposé à Paris, avait à Saint-Lo un *Bonhomme*. C'est une tête d'étude un peu sèche, rappelant de loin Monanteuil ; l'expresion est un peu perdue dans le détail de la bouche et dans le bas de la figure. Il est difficile de juger la manière et le talent de M. Berger d'après cette petite toile, que l'auteur considère sans doute lui-même comme sans importance.

M. Berthélemy, de Rouen, est un artiste auquel je promets hardiment un bel avenir.

Entre la *Cour de ferme* exposée l'an dernier à Alençon et ses deux *Marines* de l'Exposition de Paris, et surtout son *Marais de Bernières* exposé à Saint-Lo, il y a toute une modification de manière et tout un monde de progrès qui n'est souvent le fruit que de longues études et de longues années... La nouvelle manière de M. Berthélemy dans son *Marais de Bernières* est un peu dure et sèche, ce n'est certes pas cela que je veux louer; mais ce que j'entends louer sans réserve, c'est la fraîcheur, la netteté, l'air, la lumière et la profondeur de ce joli paysage.

Sa *Femme de pêcheur de Boulogne* est une étude sans importance, où les tons roses de la figure de la femme et du poisson se confondent désagréablement.

M. Bourgeois, de Falaise, est, dit-on, un artiste de talent. Sa manière et sa couleur me sont tellement peu sympathiques que je n'ose juger sa *Brêche au Diable* : c'est ce que nous appelions jadis de la jeune école de 1820. Sa lithographie de *Falaise* vaut beaucoup mieux.

Mlle de Guimard ne nous avait envoyé qu'un faible échantillon de son beau talent; je crois avoir déjà vu et jugé ailleurs le *Tasse et la princesse Eléonore.* Comme c'est une œuvre ancienne, et que l'auteur a fait, fait et fera mieux, juger ici ce petit tableau serait superflu. Disons seulement en passant qu'il ne faut pas se laisser impressionner trop désagréablement par la lumière rouge et la robe rouge d'Eléonore. Si les malins pensent à Révoil, les indulgents ont des souvenirs de Robert-Fleury. La véritable exposition de Mlle de Guimard est à Paris, où ses succès doivent la consoler d'un petit échec, d'ailleurs insignifiant et plus apparent que réel.

Voici un artiste indigène qui n'expose point à Paris et qui garde pieusement la naïveté et l'originalité de sa manière. M. Guernier, de Vire, est évidemment l'homme le plus étranger au *chic* et au *ponsif* qui soit dans les cinq départements de la Normandie. Il ne sait pas mettre en relief ses qualités, encore moins dissimuler ses défauts. Voyez sa *Mort du Curé*. Le curé de la paroisse vient de mourir ; un bon curé, tout d'une pièce, ni grand ni petit, plutôt gras que maigre, figure un peu vulgaire, mais douce et affectueuse. Sa vie était un modèle de régularité et d'inaltérable harmonie ; il n'était ni sévère ni relâché, ni grondeur ni expansif. Généreux sans prodigalité, économe sans avarice, il est arrivé à sa dernière heure comme une horloge bien remontée, sans avoir jamais retardé ni avancé ; il est mort entouré de ses vieux meubles, dans son vieux fauteuil, sans que les convulsions de l'agonie aient peut-être dérangé les plis uniformes de sa soutane. En tout cas, s'il n'est mort ainsi, on a eu soin de poser ainsi son cadavre. Deux cierges brûlent à ses côtés. Le prêtre qui l'a assisté à la mort, quelque fidèle vicaire que les paroissiens en masse iront demain réclamer à Mgr l'Evêque, prie agenouillé près du mort. La servante obligée, la Marthe du presbytère a bien de la peine à ne pas ranger symétriquement les meubles de la chambre mortuaire, et s'en console en grondant la foule qui entre dans un silencieux désordre et vient contempler une dernière fois son pasteur défunt. Cette foule, il est facile d'en deviner les éléments : quelques vieux amis, peu nombreux toutefois, la vieillesse n'aime pas le spectacle de la mort, mais toute la jeunesse du village ; les jeunes filles se poussent pour voir, retenues par la peur, aiguillonnées par la curiosité ; le magister avec son école ; la sœur avec ses enfants, ceux-ci contemplant avec des yeux avides, respectueux parfois, rarement craintifs, les uns s'avançant pour toucher, les autres reculant instinctivement, tous fixant dans leur esprit un impérissable souvenir. Oh ! comme Bonvin, dont j'aperçois tout auprès un *Intérieur* appartenant au Musée, eût rendu cette scène admirable de sentiment et de réalisme !

M. Guernier l'a-t-il manquée ? — Non, certes, et j'ai pu distinctement voir la scène telle que je viens de la raconter ; mais je l'ai vue à travers un voile gris et terne, que l'embu ou les hésitations de la gamme ont répandu sur le tableau ; j'ai été obligé de la deviner à travers une foule de naïvetés et de maladresses, très-respectables à coup sûr, mais souvent malheureuses. Faire de *chic* est détestable, mais en général le secret de l'art est de mettre la rouerie au service de la naïveté. Paraître malin sans l'être n'en impose à personne ; être malin sans le paraître frise la niaiserie : faire deviner qu'on est malin en paraissant naïf, tel est le secret des forts. Voyez Corot, dont je ne défendrai pas le n° 23 de l'Exposition de Saint-Lo, mais dont le n° 24 me semble un des exemples du genre.

La *Religieuse* de M. Guernier est un bon portrait. La sécheresse a l'air d'un parti pris, la figure est un peu masculine, mais il y a de l'expression. Les habits sont traités d'une manière insignifiante ; en somme, je voudrais voir notre Marguerite de Lorraine peinte par M. Guernier.

Notre ancienne connaissance, M. Hamon, de Livarot, avait exposé à Saint-Lo son *Pot-au-feu*, sur lequel il en a tant été dit en prose et en vers. Ce que c'est pourtant que de réclamer en la langue des dieux ; cette fois-ci, le Normand est pendu trop bas.

A mon gré, la farce est vilaine ;
L'on vous pend trop ou bien trop peu,
Et du haut en bas de sa chaîne
La crémaillère vous promène,
Classique et joyeux pot-au-feu ;
Vous perdez ainsi votre peine
A ce bizarre et triste jeu,
Où l'on vous ballotte de plaine
A mont.

Ah ! si j'avais la bourse pleine,
A tous ces excès-là, morbleu !
Je trouverais bien un milieu,
Et chez moi, de façon certaine,
Vous pendrais à hauteur moyenne,
Hamon.

Le *Clair de lune* est une étude un peu décousue, avec un arbre maigre et un rocher à gauche trop important pour la toile : cependant je le préfère à la *Nature morte* exposée, il est vrai, à contre-jour au-dessus d'un bahut sculpté, mais dont l'effet m'a paru un peu sec ; on a, du reste, le droit d'être sévère pour M. Hamon, dont nous avons revu à l'Exposition de Paris le beau portrait qui avait eu tant de succès l'année dernière à l'Exposition d'Alençon.

Si j'ai chicané M. Guernier à cause de son peu de pratique, je serais tenté de reprocher à M. Jamard, de Cabourg, qui lui non plus n'a pas exposé à Paris, d'en avoir trop. Son *Aumône du Curé* et sa *Halte bretonne* témoignent d'une grande facilité de main, mais ils tournent facilement au confus et au papillottant. Ses défauts sont surtout sensibles dans le *Passage du ruisseau*, la moins bien réussie de ses petites toiles. Ses *Pêcheuses de crevettes* sont jolies, mais c'est prétentieux et cela manque de couleur locale ; je préfère à tous les autres le n° 56, intitulé *Le gué*. M. Jamard est beaucoup trop fantaisiste pour un artiste de province, pour un artiste Normand surtout. Qu'il étudie consciencieusement la nature et il parviendra.

La *Marée montante* de M. Jugelet, de Dieppe, est bien loin de la *Falaise* de M. Hoguet exposée l'an dernier à Alençon. Ce tableau, malgré sa couleur grise, ne manque ni de prétention ni de savoir-faire. Il y a de l'harmonie dans l'ensemble ; mais je le trouve d'une palette molle qui ne convient pas à nos côtes de Normandie ; nous n'avons point les récifs Bretons, mais nous avons notre rustique et particulière beauté.

Un rude peintre, prime-sautier et réaliste, entassant l'Ossa de l'empâtement sur le Pélion des râclures de palette, un Virois pur sang, pour qui Paris n'est rien, c'est M. Edmond Legrain. Sa *Halte de bohémiens* et sa *Cour de ferme* sont un peu incompréhensibles. C'est du Diaz et du Courbet à l'état d'ébauche, et le parti pris de la fougue de couleur et de la rusticité de ligne ne font pas assez excuser le trop grand lâché du dessin. Le *Portrait de M. de La Ferrière* est un bon portrait, fort représentant si l'on considère l'ensemble, mais qui ne rend pas la finesse des traits du modèle. C'est empâté, rude, solide, rustique même ; cela sort de la toile comme un bas-relief ; les qualités absorbent les défauts, mais la solidité de la pâte fait involontairement songer au pain de deuxième qualité, que peuvent seuls digérer les forts estomacs. En ma qualité d'admirateur de la fougue, de l'exubérance et de l'ébauche, le portrait me plaît assez, mais je trouve avec ma raison pure le n° 82 bien supérieur au n° 83 ; celui-là est sans contredit le chef-d'œuvre de l'Exposition indigène. C'est un excellent portrait, qui peut aller de pair avec les meilleurs et qui fait le plus grand honneur à M. Legrain.

Plus fécond que M. Legrain, aussi dédaigneux que lui des succès parisiens, M. Le Vavasseur, de Saint-Lo, a fait acte de patriotisme en exposant douze toiles de grandeur et de mérite différents. Si l'artiste semble encore chercher sa manière, du moins est-ce un homme avec lequel on doit compter sérieusement; évidemment capable de bien faire, plus évidemment encore en progrès.

Sa *Tête d'étude* et ses portraits pèchent en général par la mollesse; son *Vieillard* est une étude naïve qui vise au Monanteuil. Ces sortes de choses se rachètent par les détails : ici la bouche est un peu indécise et ne paraît pas assez étudiée. Les deux portraits d'enfants sont séduisants, mais toujours un peu mous. Le *Portrait de Madame L. C.* a des qualités : on voudrait une ligne un peu plus arrêtée ou une couleur un peu plus accentuée, un peu plus de parti pris, ou beaucoup plus de naïveté. Il n'a pas assez de couleur pour expliquer le manque de dessin, ni assez de dessin pour faire excuser l'absence de couleur.

La *Vue de la Meauffe* et le *Coucher de soleil* (98) sont dans une gamme violette qui choque un peu au premier coup-d'œil; mais la dernière, surtout, est une toile importante qui renferme de bonnes qualités. L'*Etude d'arbres* est bonne, quoique lourde. Le *Coucher de soleil* (98) est lourd aussi ; mais il est dans la manière grise de l'auteur, qui est sans contredit sa meilleure et celle à laquelle il devra s'en tenir. Son *Lever de soleil*, sa *Marée basse* et son *Radoub à la marée basse* sont de très-estimables marines, consciencieusement étudiées, lumineuses et d'une incontestable valeur. Le ton gris est parfaitement acceptable sur les côtes brumeuses de Normandie. Que M. Le Vavasseur persevère dans cette manière, et je lui promets un brillant avenir.

M. Morin, de Rouen, a peint un bonhomme chargé de vaisselle, en costume de Louis XVI, et a intitulé son petit tableau : *Moisson de l'Antiquaire*. Je ne le chicanerai point sur son titre, qui est chose parfaitement indifférente : le bonhomme est crâne, spirituel, bien posé, solidement peint, cela me suffit. Ses deux dessins, un *Bourgeois* et une *Bourgeoise de Rouen en* 1650 sont aussi de solides et bons dessins ; mais, quand on est de Rouen et qu'on a l'occasion de dessiner ces costumes du temps, pourquoi ne pas accentuer un peu plus les physionomies et intituler cela : M. et Mme Corneille. Des deux aquarelles de Mlle Eugénie Morin, le no 150 est un petit bijou, d'une grande finesse et d'un grand charme. Encore une Normande d'avenir.

La *Mort du patron Lézin*, de M. Charles Mozin, de Trouville, bien que le plus important de ses tableaux, n'est pas, selon moi, le meilleur. Peut-être, comme à la *Nature morte* de M. Hamon, est-ce le jour qui lui nuisait à Saint-Lo. J'aime mieux sa *Marée basse*, son *Retour de la pêche aux moules*, d'une peinture solide, quoique d'un aspect général un peu rouge, et sa *Récureuse*, à laquelle on ne saurait reprocher qu'un trop vif éclat.

Si les fleurs de Mme Monet-Laverpillière, de Cherbourg, ne valent pas le délicieux bouquet d'Alexandre Couder, exposé sous le n° 25, au moins sont-elles fort estimables et d'une exécution presque irréprochable. Le fond de la *Corbeille de fleurs* est d'un ton désagréable; mais en revanche, il est difficile de voir quelque chose de plus joli que les *Médaillons de fleurs* exposés sous le n° 111.

N'oublions pas les *Fleurs à l'aquarelle*, de Mme Benoît-Armand, de Valognes, qui ont valu à l'auteur une mention honorable.

L'exposition de M. Monanteuil ne nous a rien appris de nouveau sur ce peintre, qui fut si longtemps notre compatriote. Une des épreuves de son éternel *Vagabond*, une *Vue du Mont-Saint-Michel*, désagréable, et le *Portrait* de sa fille, exposé l'an dernier à Alençon, tel était le bagage de M. Monanteuil, un peu mince pour lui. Je lui dis : au revoir.

Je n'ai remarqué aucun progrès bien sensible dans la manière de M. Renout, de Louviers, peintre de fruits, dont je dois toutefois louer la persévérance à envoyer ses œuvres à toutes nos Expositions normandes.

Mlle Touppé, de Saint-Lo, a exposé une *Tête de jeune fille*, étude un peu molle, rappelant les peintres Anglais. La tête est fort jolie. C'est expressif, bien posé, en somme fort agréable.

La *Croix dans un chemin creux*, de M. Théodore Henry, de Cherbourg, est une peinture estimable, quoique d'un effet un peu dur.

Aux derniers les bons. La *Halte de chiens normands*, de M. de Balleroy, est une des plus jolies toiles de son auteur. Le sujet est bien composé. C'est une peinture *semi-seria* qui vaut bien une tragédie. Ici le brouillard du matin est bien indiqué, et puis, quels honnêtes et bons muffles de chiens ! les belles, longues et larges oreilles ! que ce sont bien là des torchons donnés par la nature ! Il ne faut pas s'étonner du vrai succès obtenu par M. de Balleroy pour son petit tableau : sujet et exécution sont là juste au point d'harmonie et de rencontre que l'on peut désirer.

Un artiste, ou plutôt un amateur en progrès, c'est M. Duparc-Couraye, de Saint-Lo. Son *Effet d'orage* est excellent comme naïveté et intention réaliste. C'est au premier abord d'une sécheresse malheureuse, d'une dureté choquante. La gamme de tons employés rappelle les tons crus de la gouache et certains devants de cheminée. Mais ne vous arrêtez pas à cette première impression ; tout est parfaitement à son plan, c'est étudié comme un Daubigny, et il faudrait peu de chose pour rendre séduisant ce qui n'est que bon : —un peu de la palette de M. Harpignies, par exemple. Le *Soleil couchant* est moins bon : c'est confus. Des éloges aux deux fusains qui ont servi d'esquisse aux deux tableaux : c'est plus gras et plus coloré que la peinture.

Dans les blés, surtout, est un excellent dessin, large et magistral, franchement et heureusement réaliste.

Des louanges et des encouragements à M. Maurouard, de Saint-Lo, pour son *portrait peint par lui-même*. C'est bien posé, pas trop prétentieux, suffisamment peint. Cela n'a que le tort de rappeler un peu feu Guignet, — première manière.

Les peintures de M. Guernier m'ont fait oublier ses dessins, qui méritent pourtant une mention particulière. Signalons surtout le *portrait de M. Paul Huet*, qui s'est fait, cette année, Virois à l'Exposition de Paris. Il méritait bien de voir sa mâle et énergique figure reproduite par un enfant de Vire.

N'oublions pas l'*Intérieur d'une buanderie*, aquarelle estimable de M. Francis d'Orval, de Pont-l'Evêque.

La solidité, la netteté, l'habileté de dessin de M. Deshayes, de Saint-Lo, sont des qualités qui doivent aussi attirer une attention toute particulière et méritée sur ses trois *Vues de Crimée*.

M. Lechesne, de Caen, aime les exhibitions compactes. Il procède par gros bataillons ; il a même fait à lui tout seul, l'année dernière, je crois, une Exposition aux Champs-Elysées. Nous avons revu à Saint-Lo des réductions de ses plus célèbres modèles, entre autres, des *Dénicheurs*, qui eurent un si grand succès de sculpture de genre à l'Exposition universelle en 1855. Réduites aux proportions de sculpture d'étagères ou de consoles de salon, les œuvres de M. Lechesne perdent un peu de leur légèreté et laissent mieux apercevoir leurs défauts. Exceptons la *Chasse au sanglier* (n° 291), d'un effet excellent et parfaitement à son point.

Le buste de M. Bure, par M. Le Vannier, de Saint-Lo, est l'œuvre estimable d'un amateur à qui tous les secrets de la pratique ne sont point encore familiers.

Les Dieppois, terre cuite et ivoire, étaient représentés, comme à Alençon, par MM. Fourdrin et Carpentier-Beauregard. Rien de nouveau à dire de ces deux messieurs : M. Fourdrin fait toujours du Graillon un peu pointu, et M. Carpentier de la fine ivoirerie de commerce.

Une mention très-honorable à M. Le Mainier, de Lisieux, sculpteur en bois, pour son *Christ en croix* et surtout pour son joli groupe *Lion et Serpent*.

A côté des magnifiques meubles appartenant à M. le Cte de Bourbon, il est juste aussi de signaler les statuettes en bois de M. Léonard, de Lisieux, les armoires de MM. Bouchard et Adam, menuisiers indigènes, qui, dans les couronnements sculptés, dans l'ornementation des volets, l'agencement des cuivres et la décoration générale, ont su conserver les vieilles traditions normandes.

Si tu veux garder la couronne,
La couronne de ta beauté,
Normande splendide ou mignonne,
Sois patriote ; avec fierté
Balance et porte haut la tête
Sous ton bonnet pyramidal,
Qui rappelle la girouette
De quelque manoir féodal.

Si tu veux conserver la gloire
Du chanvre filé par tes doigts,
Conserve aussi ta vieille armoire
Au cuivre jaune, au sombre bois ;
Laisse aux fillettes d'Amérique
L'acajou, dont le bois, dit-on,
Veut des draps à la mécanique
Et des serviettes de coton.

Il faudrait plus de connaissances spéciales que je n'en ai pour juger, sur épures, les nombreux projets de monuments exposés par MM. Le Ménicier, de Saint-Lo, Henri Chené, Cheftel, Théberge et Pigault, d'Avranches. Depuis l'église jusqu'à l'abattoir, en passant par la villa, la salle d'asile et la maison d'école, il y a là de nombreux plans fort ingénieux sans doute. Tant de zèle et de bonne volonté de la part de MM. les architectes mérite au moins une honorable mention et un remerciement public.

Les photographes étaient, à Saint-Lo, bien moins nombreux qu'à Alençon, mais aussi les épreuves étaient plus artistiques et plus choisies. MM. Boursier, de Saint-Lo, et Bertrand, de Saint-Hilaire-du-Harcouet, s'effaçaient modestement devant MM. Autin, de

Caen, et de Brebisson, de Falaise. Le *Flot* et le *Temps brumeux*, de M. Autin, sont de remarquables épreuves.

Pour être juste envers tout le monde, signalons les dessins sur papier pelé de M. Henry, de Cherbourg, le plan de Saint-Lo de M. Onfroy, les dessins des diverses écoles de la ville de Saint-Lo et le modèle de jupon en dentelle, copié de la tapisserie de la reine Mathilde, par M. Croquevielle, de Bayeux.

J'arrive ainsi sur les frontières de l'art et de l'industrie, et je suis amené tout naturellement à la dernière partie de mon travail, les industriels du département de l'Orne à l'Exposition de Saint-Lo. Mais auparavant je signalerai les succès obtenus par le département aux différentes Expositions. Les chevaux, les bœufs, les vaches, les moutons, les porcs de nos éleveurs sont revenus couronnés de plus de lauriers que s'ils étaient déjà jambons; les poules du haras du Pin, exposées par Mme Poidevin, ont eu leur prime et leur mention. Il n'est pas jusqu'à l'Exposition horticole où nous n'ayons eu notre petit succès avec la médaille de bronze du directeur de l'école de Rémalard.

Mais le grand succès de l'Exposition industrielle nous appartient : la première médaille d'or donnée à M. Potier-Ferrière, pour les échantillons sortis des forges de Rânes, a été la juste récompense de la supériorité de ses produits. — Désormais les forges de Rânes sont classées : elles sont en première ligne.

Les machines à dérayer les voitures et à soulever les essieux, de M. Chrétien, d'Argentan, ont été fort remarquées. La première surtout, d'une incontestable utilité et d'une merveilleuse simplicité, attirait les regards des connaisseurs, et l'explication fort lucide qui l'accompagnait ne pouvait laisser de nuages dans l'esprit de personne. Le porte-statuette qui figurait avec les deux machines ne faisait au premier abord que l'effet d'un ouvrage d'ébénisterie ou de menuiserie fine. Toutefois, l'œil des gens du métier devinait toute la difficulté du travail et cherchait à comprendre avec quelle scie merveilleuse et de nouvelle invention l'ouvrier avait pu obtenir de pareilles découpures. Si M. Chrétien n'a pas obtenu la récompense qu'il méritait peut-être, il faut attribuer ce petit oubli des jurés à cette seule circonstance, que tous les exposants étant admis pendant les opérations du jury à présenter leurs observations et leurs réclamations, les absents ont eu nécessairement un grand désavantage, quelle que fût la précision de leurs légendes écrites.

Si les machines à battre de M. Lambert n'ont pas été plus heureuses que les machines à dérayer de M. Chrétien, c'est que M. Lambert, dont le nom ne figure pas au catalogue, est arrivé trop tard au Concours ; il a dû être grandement dédommagé de ce contre-temps par l'affluence de visiteurs et même d'acheteurs, dit-on, qui ont apprécié la commodité et la simplicité de sa machine à bras. Quelques esprits judicieux et progressistes pensent que l'usage des machines, et en particulier des machines agricoles, ne convient qu'à de grandes exploitations. Je crois que c'est une erreur. Le progrès est analytique aussi bien que synthétique. Si l'avenir est aux usines anglaises et aux grandes forces motrices, le présent a été longtemps aux métiers à la Jacquart. Celui qui inventerait un vélocipède commode, se maniant sans fatigue et conduisant dans les chemins de traverse, aurait autant de droits que Fulton à la reconnaissance publique. Pour ne parler que du sujet qui nous occupe, le premier qui inventa le fléau fut un bienfaiteur de l'humanité : encore croyait-il inventer une machine bien compliquée. L'articulation si simple qui joint la verge au manche dut faire crier la routine bien haut et ceux qui battaient le froment comme on bat maintenant les matelas durent hocher la tête en maugréant et en prédisant des malheurs. Eux-mêmes avaient reçu les invectives et des prophéties des femmes qui égrenaient le blé entre leurs doigts comme on écosse les pois verts. Ainsi des charrues, ainsi des moulins.

Que M. Lambert ne s'effarouche pas des gros mots des grands faiseurs, et sa batteuse stable à bras sera toujours préférée à la brutale, inconstante et voyageuse locomobile. Je ne prétends point par là blâmer les grands inventeurs pour exalter les petits, découvrir mon compatriote Mazier pour couvrir mon compatriote Lambert. Mais j'ai dit que le progrès allait aussi bien de bas en haut que haut en bas, et je crois l'avoir prouvé.

Je viens de parler du docteur Mazier, de Laigle : sa moissonneuse et sa faucheuse normandes lui ont valu rappel de médaille d'or et médaille d'or. Ce n'est point un lauréat nouveau que le docteur Mazier, mais c'est un inventeur consciencieux et persévérant, qui ne perd pas de vue, comme tant d'autres, cette excellente maxime : Succès oblige.

Tout le monde a revu avec plaisir l'ingénieuse machine à torréfier le café de M. Maurice, déjà exposée à Alençon. Son échantillon de café a reçu le meilleur encouragement qu'on puisse donner à cette sorte de produits. J'ai vu quatre flacons avec cette étiquette : *acheté pour la loterie.*

C'était presque une témérité à MM. Lepeltier, de Briouze, d'envoyer leurs eaux-de-vie de poiré dans un pays aussi fertile en cidres excellents et à deux stations de chemin de fer de ce pays de Bayeux, d'où sortent tant d'excellentes eaux-de-vie auxquelles leur origine a fait donner le nom de *Calvados.* Les produits de MM. Lepeltier ne craignent aucune comparaison et leur mérite a certainement été apprécié par le jury.

Le seul fabricant de Flers qui ait exposé, M. Auguste Tirfort, a obtenu une médaille de bronze.

M. Désaguis, d'Alençon, dont la passementerie avait été si particulièrement remarquée l'année dernière, a obtenu une mention honorable.

M. Paynel a obtenu une médaille d'argent pour son exposition de produits. Encore un vieux lauréat. Rappel d'éloges.

M. Collin fils, de Seès, a obtenu une médaille de bronze pour son engrais animal en poudre.

MM. Bourdon, d'Argentan, et Raquin, de Pont-Ecrepin, ont dignement soutenu l'honneur des tanneries de l'Orne.

Les chapeaux de M. Caillet, de Seès, lui ont valu une mention honorable.

Enfin, la modeste exposition de M. Lebout, de Trun, a démontré son talent d'ajusteur.

Le département de l'Orne, comme on le voit, n'est étranger à aucune espèce de progrès ni d'industrie. Un peu d'habitudes casanières chez ses habitants, l'horreur des aventures et du pathos, et l'amour du bien-être médiocre ont souvent empêché nos concitoyens de se produire au loin ; mais ils peuvent marcher des premiers dans la voie artistique et industrielle, et à l'occasion ils savent le faire.

Gustave Le Vavasseur.

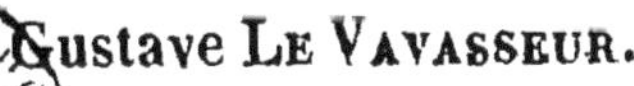

EXPOSITION DES BEAUX-ARTS A SAINT-LO.

Liste des Récompenses.

PEINTURE.

Portraits. — Médaille d'argent 1re classe, M. Legrain, de Vire.

Médaille d'argent 2e classe, M. Guernier, de Vire.

Médaille de bronze, M. Levavasseur, de Saint-Lo.

Tableaux de genre.— Médaille d'or, M. de Balleroy, de Lonné.

Médaille d'argent 1re classe, M. Lechevalier, de Caen.

Médaille d'argent 2e classe, MM. Mouanteuil, du Mans, Guernier, précité; de Sarcus, de Mayenne.

Médailles de bronze, MM. Morin, de Rouen; Jamard, de Cabourg.

Paysages et Marines. — Médaille d'or, M. Mozin, de Trouville.

Médaille d'argent 1re classe, M. Levavasseur, précité.

Médailles d'argent 2e classe, MM. Legrain, précité; Hamon, de Livarot.

Médailles de bronze, MM. Henry, de Cherbourg; Renout, de Louviers; Mme Monet-Laverpillière, de Cherbourg.

Dessins et Aquarelles. — Médaille d'argent 2e classe, M. Duparc, de Vire.

Médaille de bronze, M. Deshayes, de Saint-Lo.

Mentions honorables, MM. Morin, de Rouen; Guernier, précité; Mlle Benoist, de Valognes; Mlle Morin, de Rouen.

Architecture. — Médailles d'argent 1re classe, MM. Theberge, d'Avranches; Lemenicier, de Saint-Lo.

Médaille d'argent 2e classe, M. Cheftel, d'Avranches.

Sculpture. — Médaille d'or, M. Lechesne, de Caen.

Terre cuite. — Médaille d'argent 1re classe, M. Fourdrin, de Dieppe.

Médaille d'argent 2e classe, M. Gourdel, de Rennes.

Bois. — Médaille d'argent 2e classe, M. Lemaisnier, de Lisieux.

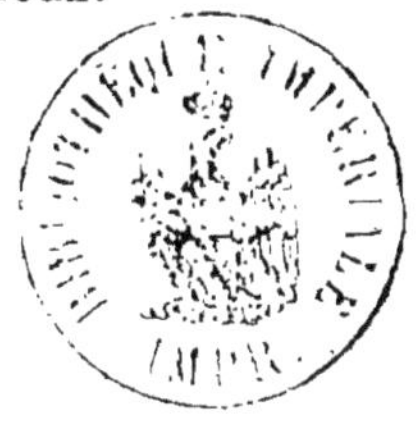

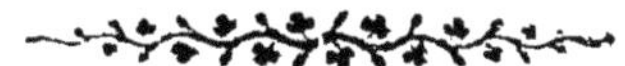

Argentan. — Imprimerie de Barbier.

www.ingramcontent.com/pod-product-compliance
Ingram Content Group UK Ltd.
Pitfield, Milton Keynes, MK11 3LW, UK
UKHW012117240726
13965UKWH00005B/1811

9 782013 037907